Marion Jana Goeritz

Begegnung

Bibliografische Information der Deutschen Nationalbibliothek:

Die Deutsche Nationalbibliothek verzeichnet diese Publikation in der Deutschen Nationalbibliografie; detaillierte bibliografische Daten sind im Internet über http://dnb.dnb.de abrufbar.

Herstellung und Verlag: BoD – Books on Demand, Norderstedt

ISBN: 978-3-7460-9595-0

Herzlich Willkommen liebe Leser,

Begegnungen können auf vielschichtigen Ebenen stattfinden. Menschen begegnen sich, Seelen finden zu einander, Worte finden zu uns, durch das was wir hören oder vielleicht auch lesen.

Manchmal sind Worte auch eine Art Zeichen für uns, dann wenn wir es so fühlen.

Viel Freude beim Lesen.

Herzlichst

Marion Jana Goeritz

Das Gefühl

welches vom Frieden erzählt

hat eine weite Reise hinter sich

es suchte und fand

war es auf dem Weg und

kam es auch von ihm manchmal ab

doch sein Ziel

hatte es nie aus den Augen verloren

im Gefühl Frieden

Du

bist wie eine Insel

mit Höhen und Tiefen

das Grün der Heilung ist zu sehen

das Blau des Wassers umspielt dein Land

welches du auf einer langen Reise gefunden

woran du glaubst

ist dein Seelenheil

frei und doch gebunden ist deine Seele

die so viel weiß und dich liebt

und du verstehst

Frage nicht

nach dem Warum

Morgen

ist auch noch ein Tag

ich möchte die Sonne sehen

hinter all den dunklen Wolken

doch vielleicht

habe ich mich überschätzt

sehe keinen Lichtstrahl

der sich tanzend zeigen möchte

und meine Frage

bleibt sie in mir zurück

oder werde ich eine Antwort finden

die mich frei fühlen lässt

Wenn die Liebe sich dreht

ihre Flügel

sich nicht mehr im Winde ausbreiten

um zu fliegen

wie ein Traum in all seinen bunten Farben

was wird dann noch bleiben

Erinnerung

ein Geschenk das keines sein möchte

verpackt in dunklen Farben

liegen gelassen

an einer dieser trüben Tage

Schwerelos über Grenzen

überschritten in der Nacht

das Dunkel verhüllte den Tag am Morgen

aber Gefühle zu stark

sie können nicht schweigen

doch welche Worte dürfen beschreiben

was in der Nacht so wunderbar

Liebe

vielleicht noch zu groß beschrieben

was entspricht diesem Gefühl

das zwischen uns war

Am Horizont flogen Flugzeuge bunt

aus meinem Gefühl heraus geflogen

einfach so

Richtung Süden war der Kurs

meine Gedanken kreisten um ihre Route

es gab dort niemanden

der meine Flugzeuge entdecken mochte

sie an Land holen und fragen

was wäre ihre Kunde

Frieden hätten sie erzählt

Frieden und Liebe

Es regnet vom Himmel

Seelenherzen

schwebend lassen sie sich fallen

im Abendwind der leise singt

ich hatte dich so lieb

Zeichen

erreichten die Seele

lachend vertrieben sie das Dunkle der Zeit

Zweifel ausgeräumt

alles auf Anfang

der nie innehält

Stärke im Gefühl

keine Zeit zu verschenken

der Bote

brach das Siegel und las vor

er wird seine Lügen nicht mehr leben

weil er seine eine Liebe fand

Auf den Booten

auf den Meeren

Seelen

die Liebe finden möchten

Kraft der Wellen um spielen Stahl

Sonne und Mond

brennen Muster bis zum Hafen

fremdes Land nun nah

nur noch nicht im Herzen

Zeit wird bezeugen ob die

die am Hafen warteten

Gute waren

Wenn die Flut

die Schätze bedeckte

die vor langer Zeit

in das Meeresbett sanken

sang das Meer davon

von reisenden Schiffen

die über die hohen Wellen fuhren

mit Gold und Silber oft beladen

doch wer erzählte von den Menschen

die sie mit auf den Meeresgrund nahmen

wer sie waren und was sie bewogen

sich auf diese Reise zu begeben

und wenn der Mond die Flut dann rief

sich auf die andere Seite zu begeben

türmten sich Wellenberge im Ozean

und niemand hatte sie gesehen

das Meer es singt davon

Leuchtturm

von Wasser umspülte Mauern

sein Haupt

es leuchtet durch die Zeiten

lange schon ruft er heim die

die auf den Meeren fahren

von Süden nach Norden

von Westen nach Osten

seine Brüder stehen auf Mauern

manchmal auch wie er in den Wellen

und würden sie sprechen dürfen

erzählten sie von den vielen Schiffen

die in alle Herrgottsländer fahren

bei Tag und auch bei Nacht

und der Leuchtturm steht in den Wellen

in ihm leuchtet ein Licht für alle

die in ihren Hafen möchten

Einsames Land

im Trubel der Zeit

nicht erkannt

kein Halten möglich hier

Reklamelichter

greller Schein

kaltes Licht

der Einsamkeit

Träume

überleben nicht

wenn die Seele

nicht Liebe fühlt

Herz

erzählt in Bänden

Zweisamkeit

ein schönes Gedicht

einsames Land

du bekommst uns nicht

Bilder der Vergangenheit

spiegeln sich nicht mehr

auf dem Meeresgrund

steigen Perlen auf

bis zum Sonnenlicht

ein buntes Feuerwerk

mitten im Ozean

Gleite

durch die Zeit

die kein Leben recht versteckt

die Dunkelheit

schweigt still darüber

doch in der Sonne zeigen sich

die Narben eines Lebens

erzählen

ihre Geschichten darüber

manchmal leise

doch auch laut

alle meine Narben gehören zu mir

und würde mich einer fragen

woher

dann sage ich

Liebe

Wenn zwei Gefühle

zu wenig

ein Wort

zu viel

wenn Blicke

nicht finden

Hände

nicht berühren

von was spricht die Welt dann

Bist du auch der Wolf

ich bin kein Schaf

dein Traum

lebt nicht

ein Gefühl

das in deiner Seele wohnt

findet nirgendwo ein Zuhause

dein Hunger wurde nicht gestillt

wohin möchtest du nun gehen

dein "Das wird schon" ist gestorben

an dem Tag

als mein Gefühl in dein Leben trat

aber

deine Worte klingen noch in mir nach

„Das Leben ist eben manchmal schwer"

deshalb

mache ich mir um dich

auch keine Sorgen

du hältst die Schwere schon aus

Schreibst du mit ihr

liege ich wach und denke an dich

warum nicht eine Zeile mich erreichen darf

mein Wunsch

lebt schon so lange in mir

meine Hoffnung allerdings

habe ich begraben

vielleicht

trägt keiner die Schuld

vielleicht

bin ich einfach nicht so stark wie du

vielleicht

magst du sie lieber

und vertraust mir nicht

vielleicht

könnte ich noch mehr Gründe aufzählen

und die Zeit reicht dann nicht

für mein Leben in Liebe

eigentlich dachte ich

es wäre längst Erinnerung

doch ich quäle mich noch damit

und weiß noch nicht

wie ich klar kommen kann

so ohne dich

und ich frage mich

wenn du das wirklich wissen würdest

würdest du dich anders verhalten

oder würdest du den Teufel

immer noch füttern

ungern würde ich dich an ihn verlieren

manchmal

frage ich mich wovor hast du solche Angst

Angst dich zu sehr zu verlieren

und doch zu wissen

es ist für dich nicht die Liebe

oder Angst dich zu sehr zu verlieren

und mich nicht zu gewinnen

glaubst du nicht

wir beide sind uns noch Antworten schuldig

ich würde sie gern geben

wenn du auch dazu bereit bist

und glaube bitte nicht

es ist einfach für mich

Wenn

der Engel der Liebe

seine Flügel breitet

und leicht schwebend im Licht

die Welt besucht

richten alle Lebewesen ihr Haupt

suchen

im Licht die Liebe

die ihnen noch fehlt

leise erstaunt nehmen sie wahr

Seelen

erwachen aus einem tiefen Schlaf

Menschen

berühren sich

wenn

der Engel der Liebe

die Welt besucht

Die Welt

sie schläft

im Schein der Liebe

Wortgefechte allerlei

Glaubenssache fehlgeschlagen

aber eine Meinung zählt

kalt

ist es manchmal an diesen Tagen

laut ist es in dieser großen Zeit

die zwar oft beschrieben wird

mit wundervollen Energien

doch sie fehlen jederorts

es ist kein Wunder

so glaube ich

denn sie kommen nicht

weil es jemand so spricht

sie werden kommen auf unserem Planeten

nur dann

wenn ein jeder von uns

nicht nur Liebe spricht

sondern

sie auch lebt

Manchmal

läuft ein Ruf voraus

manchmal

glaubt man dem

was man so hört

manchmal

gibt es schon sehr oft

und ich glaube nur

was ich selbst erlebt

im Gefühl

im Leben

manchmal

ist es eben besser

man überzeugt sich selbst

von dem

was ein Ruf so erzählt

Die faulen Kompromisse

das Jagen

nach dem Willen

das Ausputzen

nach eine Methode

die ansonsten nichts versprach

habe ich ad Acta gelegt

es sind nicht meine Methoden

eine Kommunikation aufrecht zu erhalten

und Gefühle als Angst vorzuschieben

akzeptiere ich nicht

Lautlos schreitet der Wolf

durch die Nacht

er wittert seine Beute

in Bars der Stadt

seine Augen heulen

und die Schafe der Stadt

sie folgen ihm

auf Schritt und Tritt

er nimmt sie mit und spricht von Liebe

die Schafe sehen schlecht

im Dunkeln der Nacht

und glauben ihm

bis er sein Gesicht am Morgen zeigt

hässlich und gemein

der Wolf allein für eine Zeit

bis er lernt

das seine Wölfin

ein Wolf sein muss

Wenn mein Weg

ein Weg

der Freude ist

bin ich ein freudvoller Mensch

wenn mein Weg

ein Weg

der Liebe ist

bin ich ein liebender Mensch

wenn mein Weg

ein Weg

des Vertrauens ist

bin ich ein vertrauensvoller Mensch

ist mein Weg

gezäumt von allem dem

bin ich ein Mensch

der Frieden in sich trägt

die Welt gehört mir

Gedankenordner

in Reihe und Glied

erzählen

Gefühle in Aufruhr

Frieden anvisiert

doch die Verträge

noch nicht unterschrieben

Tinte im Glas

blaue Farbe aus einem großen Fass

extra eingekauft von Übersee

Menschenleben

hängen am seidenen Faden

alles

schon einmal da gewesen

keiner

lernte zu viel

Hausaufgaben

zu schwer

und das eigene Land

wo sieht es sich überall auf der Welt

haltet ein

den Marsch ins Fremde

haltet auf das Braune Gut

wascht sie rein

von ihren Lügen

durch Bildung im Allgemeinen

wenn sie meinen

Randgruppen oder Fremde

gehören nicht in unsere Welt

werden sie die sein

die Gehen werden

denn nur

wer den Frieden wählt

ist ein Willkommener

auf dieser Welt

Im Gehen

das Ziel ver-rückt sehen

im Suchen

nicht wissen was

im Sehen

Gefühle erzählen lassen

im Finden

spüren das ist es jetzt

im Gefühl

ein Chaos vor dem Herrn

alles Leben

und wahrscheinlich

will das etwas sagen

vielleicht

im Innehalten

sei auch still

Der eine meint

er müsse missionieren

ein anderer meint

er müsse funktionieren

Persönlichkeiten

es gibt sie

wer macht sie dazu

ein jeder sich selbst

durch sein Tun

Während die Welt

sich in auf der Erde dreht

und die Erde

sich im All

höre ich beiden zu

bei ihrem Dreh

Tag für Tag

und Woche um Woche

Monat für Monat

und Jahr für Jahr

die Liebe

sie schreibt schöne Stunden

Vertrauen oft gefunden

Mut

mit hellem Seelenschimmer geboren

und doch begegnet mir noch die Angst

meiner Frage

"Warum sie noch nach dieser Welt sieht"

antwortete sie mit

"Die Liebe ist so groß und ich muss erst be-

siegt werden"

verstehen

konnte ich sie nicht

aber

ich habe versucht zu begreifen

und fand

in mir einen Anfang vor dem Beginn

der ähnlich gelagert war

und dann verstand ich sie

Wie ein helles Licht

erstrahlt der Seelen Liebe

wie ein schöner Morgen

nach einem regnerischen Tag

fühlt es sich an

sprechen sie über den Tag

der sie

zusammen stehen sieht

Meine Fragen an die Welt

sie werden nicht leiser

warum

müssen Menschen in der Fremde

neue Heimat suchen

weshalb

schauen so viele Menschen weg

wieso

finden Menschen immer eine Ausrede

weshalb

bleiben manchmal Lösungen aus

wie kann man nur

andere tun lassen für diese Welt

auf der wir alle leben

Auf dem Feld

Ährenglanz

Sonne

lacht vom Himmel

Wind leichte Brise Südost

Spaziergang einer Seele

im Schatten

eines starken Baumes ausruhen

Gedanken

fallen sacht in mein Gefühl

und es spricht von Lebensglück

am blauen Himmel

aufgeregt Vögel ziehen

erzählen sich vom Reisen in weite Ferne

leise spreche ich mit meiner Seele

und sie versteht

Ein Herz

aus kaltem Stein

Vertrauen

nie eingekauft

Mut

irgendwann verloren

auf einer Reise

ohne Halt

Sehnsuchtssignale

voraus geschickt

ein Herz

aus kaltem Stein

das nun in warmen Gefilden weilt

Vertrauen

im Gepäck

Mut

schwere Geburt

aber schon da und gesund

ein Herz

das liebt

Immer

diese Liebe im Gefühl

meine Beweise

sind nicht sichtbar

doch sie sind da

meine Schuld ist

ich habe einer Seele nicht geglaubt

mitten im Gefühl einer Achterbahnfahrt

Schleudersitz

aua es schmerzte sehr

dennoch

immer diese Liebe im Gefühl

mein Seelenbildschirm

oft online

zeigt mir eine neue Welt

doch mein Gefühl

erzählt von einem Mann

der sich nicht traut

auf Männer zu zu gehen

dabei wünsche ich ihm

Liebe von ganzem Herzen

Manchmal

sprach ich deinen Namen

manchmal

sang ich ein Lied für dich

manchmal

fühlte ich mich glücklich

dein Gefühl zu haben

manchmal

weinte ich um dich

manchmal

fühlte ich du bist ein Freund

manchmal

wünschte ich mir eine Zeile von dir

manchmal

wünschte ich mir das es zu Ende sei

und heute ist alles anders

.

Im Lexikon der Liebe steht

L

ist Liebe lebenslänglich

I

ist Liebe immer Tag und Nacht

E

ist Liebe ewig

und das ist noch immer nicht lang genug

B

ist Liebe

bis in alle Ewigkeit und noch länger

E

ist Liebe einmal richtig wenigstens

Mancher Leute ihr Habitus

zu posant

gegeben falls von oben herab

warum nur

diese Art der Umgangsform

was wird verborgen gehalten

was übertüncht wird mit großen Farben

die für mich keine sind

mancher Leute ihr Habitus

einfach genial

freundlich

ehrlich

aufgeschlossen

diese Farben

klingen freudig an

und lassen Großes vermuten

einfach

weil sie es sind

Zeitenfänger

er schleicht

er rennt

er schreitet

Jahrhunderte schon durch die Zeit

dabei

hat er eine helle Tasche die er trägt

passend zu seinem Kleid

bunt

wie ein Falter der seine Flügel breitet

und fliegt

er hascht die Sekunden ein

im Laufe der Zeit

Momente der Liebe

gezählt

hat er schon viele

Augenblicke

erzählen davon

Zeitenfänger

wird man wohl

wenn das eigene Leben

sich davon stiehlt

durch Äußerlichkeiten

die nicht viel zu sagen haben

Gefühle

nichts bedeuten

und die Tasche

die man trägt

nur buntes Leben bringt

armer Zeitenfänger

lege doch die Tasche zur Seite

und begebe dich auf deine eigene Reise

damit du einmal fühlen darfst

was du seit Jahrhunderten

in deiner Tasche trägst

Weltenbummler

deine Welt ist so groß

deine Reise

ein Traum der dich trägt

über Meere und Berge

durch Täler und Wälder

zu Mensch und Tier

dein Licht

ein Halt für diese Welt

Menschen

denen du begegnest

zeigen sich dir in ihrer Welt

und erfahren von dir

Gefühle

die in deinem Herzen wohnen

reisen mit dir überall hin

Weltenbummler sein

ein Gefühl

der Seele wohl

weil sie schon viel gelernt

braucht sie eine große Reise

Vielleicht

schreibe ich das Meer aus deinen Gefühlen

ins Netz

vielleicht

fühle ich das Leere in dir

das dich ausfüllen möchte

vielleicht

lasse ich das aber nicht zu

vielleicht

weil du mir auch wichtig bist

mehr als ich je zugeben werde

vielleicht

schreibe ich erst den Anfang auf

und bin mir dessen nicht bewusst

vielleicht

fühle ich etwas das Großes verspricht

und lasse mich führen wie bisher

vielleicht

brauche ich dich

und werde dir eines Tages davon erzählen

vielleicht

aber auch nicht

vielleicht

stehe ich zu meinen Gefühlen

ganz egal wie die deinen auch wären

vielleicht

schreibe ich auch zu viel

und weiß am Ende gar nicht

was ich wirklich fühle

vielleicht

wünsche ich mir einen Menschen

der so fühlt wie ich

und auch seine Gedanken erzählen viel

vielleicht

bist du dieser Mensch

denn vor Jahren

kamen deine Gefühle mit einem Hellen Schein

in mein Leben

und sie blieben bereits schon vier Jahre

kein vielleicht

vier Jahre sind viel

magst du mit mir feiern

ich würde mich freuen

Fragst du dein Herz

welcher Weg

der Wahre für dich ist

sprichst du

mit deiner Seele

welche Liebe

die Richtige für dich ist

triffst du Entscheidungen

aus dem Bauch

hat dein Verstand

auch eine Stimme

fragst du dich manchmal

wie kann ich mich verlieren

und doch finden

ist dir manchmal

etwas zu viel

hältst du inne

weil überlegen dein Ziel ist

und hörst ihnen zu

Seele Herz Verstand

Glaubst du

das Beste

blieb in all den Jahren bei dir

von dem was gekommen

und auch wieder gegangen ist

fühlst du

das die Menschen

denen du begegnetest

ein Segen für dich sind

weißt du

wohin dich dein Weg führte

das dieser Ort

jetzt dein Ort der Geborgenheit ist

und du gerade

nirgends wo anders sein möchtest

erfährst du

in deinem Leben

die Liebe die du dir immer ersehntest

dann

bist du ein Glücksmensch

Boot

auf tanzenden Wellen

so

als wüssten sie was uns noch verborgen

die Schwere

längst versunken

Leichtigkeit

im Visier

so wie das Land

das die Augen schon erspähten

Segel setzen

mitten im Wind

wohin du willst

wird von dir bestimmt

holst du das Segel ein

folgst du deinem Ziel

wo andere gehen

ihren Weg auch sehen

es hat nichts mit dir zu tun

da geht es dir wie mir

und allen anderen

die wissen

wofür ihr Herz wirklich schlägt

Reisen

Träume durch die Mitte des Gefühls

sterben Wolkenberge mitten im Leben

Sommerwind

singt ein Lied das lieblich klingt

ein Traum

der sich traut zu leben

Mut

mein Kind ist kein Phänomen

es ist ein Gefühl der Liebe

das sich wiegt

so lange

bis es gelingt

reisen

Träume durch die Mitte des Gefühls

sterben Wolkenberge mitten im Leben

so wird es sein

auch bei uns

Wenn Geduld

eine Stärke

so bin ich schwach

wenn Hoffen

eine Stärke

so bin ich stark

wenn Liebe

ein Gefühl

so bin ich Gefühl

Verlange vom Schatten

nicht das Licht

er könnte es nicht verstehen

schreibe

dem Wind deine Sorge

erzählen

dem Sturm dein Verlangen

baue

deine Ängste auf Sand

und fühlst du die Liebe

singe nicht nur der Sonne dein Lied

Liebesbriefe

aus einer fernen Zeit

handgeschrieben

wohl gar nicht leicht zu formulieren

aber schön zu lesen

Gefühle erzählen so viel

wenn man sie nur lässt

ihre Augen leuchten wie Sterne so hell

lesen ohne Licht

sie hat ja seinen Brief

Minenfeld

im Land der Liebe

auftreten ausdrücklich erwünscht

rote Herzluftballons schweben segensreich

im Land umher

und ein Jeder weiß um sie

ein Schritt

in die Richtige Richtung genügt

und viele Herzen

schweben am Himmel hoch

im Land der Liebe

Die Last die er trägt schon über Jahre

hält sich nicht mehr an ihm

verloren mit dem einen Schritt

in eine neue Richtung

nicht mehr so jung an Jahren

und doch gelernt

wer hätte das gedacht

da sage noch einmal wer

alte Bäume verpflanzt man nicht

seine Last ist keine mehr

er trägt nicht mehr schwer

Liebe

Die Veränderung

sie steht ihm gut

keine alten Seile mehr

die ihn halten mögen

nur Wege der Liebe nur

was für ein schönes Ding

dass

mit dem Mut fürs Leben

Konsequent

durchs eigene Leben

Kurskorrektur

vielleicht

wenn

es für einen selbst nicht mehr passend ist

fremde Pläne unakzeptabel

diplomatisch

geht einfach nicht

was für ein Schleim

auf dem man da tritt

horizontale Lage

nicht erwünscht

immer schön aufrecht bleiben

auch wenn es mal nicht läuft wie erhofft

mutig ist

wer sich traut

egal

was bei rauskommt

konsequent

mit Kompromissen die gefallen

ist auch ein Weg

und wenn horizontal

dann nur beim Liebe machen

Ist er einsam allein

spielt er sein schönstes Lied auf dem Klavier

Zuhörer hat so keine

aber das ist ihm grad auch egal

die Gefühle

die ihn schmerzen

sollen verklingen

im Rausch der Musik fühlt er sich so

und bemerkt im Augenblick

was ihm wirklich fehlt

noch mehr Liebe

Hoffnungsschimmer

so golden fällt ins Zimmer

seine Augen sehen die Zukunft so nah

ein Lied geht zu Ende

jetzt kommt er

und alle hören seine Sinfonie

Was würde ich ändern

wenn ich noch einmal beginnen könnte

diese Frage

stellte ich mir an einem regnerischen Tag

und meine Gedanken erzählten viel

vielleicht

würde ich eher gehen

um nicht so viel vergeben zu müssen

vielleicht

würde ich früher innehalten

um mein Ziel eher zu finden

vielleicht

würde ich mich früher verlieren wollen

egal

was auch die Zukunft bringen würde

vielleicht

würde aber auch alles so kommen

wie es kam

vielleicht

war es wirklich so gewollt

denn schließlich ist das mein Weg

was so ein Regen vermag

ich öffnete das Fenster

und gab ihm meine Gedanken mit

sie werden vielleicht

irgendwann noch einmal wiederkehren

aus dem Kreislauf des Lebens

aber vielleicht

anders

Sonnenhaut

gutes Leben

Sonne scheint auf allen Wegen

durchgehen kennen sie nicht

nur hinein ins Paradies

doch was im Außen scheinbar leicht

ist wohl gar nicht einfach

der Mensch

ein Freund sein will dem sie sich erwehren

denn die Lüge lebt

vor der Wahrheit auch bei ihnen

fühlen wir also unser Leben

durch und gut ist es wieder

bis zum nächsten Punkt

der uns weiterbringt

immer näher zu ihnen

Von Marion Jana Goeritz ebenfalls
beim Verlag BoD erschienen (BoD
Books on Demand, Norderstedt, nähe-
re Informationen finden Sie unter ww-
w.BoD.de)

„Liebe für die Seele Band 1"
ISBN 978-3-7357-4045-8

„Liebe für die Seele Band 2"
ISBN 978-3-7357-7734-8

„Seelenweiß"
ISBN 978-3-7347-5769-3

„Seelen essen Liebe gern"
ISBN 978-3-7347-8706-5

„SeelenEngel" ein spiritueller Erfah-
rungsbericht
ISBN 978-3-7386-2588-2

„SeelenSchlüssel"
ISBH 978-3-7386-3844-8

„Seelenfarben"
ISBN 978-3-7386-3947-6

„Seelenschimmer"
ISBN 978-3-7386-4014-4

„Seelenfinden"
ISBN 978-3-7386-4037-3

„Ein Gefühl meiner Seele"
ISBN 978-3-7386-1506-7

„Seelenfrieden" Danken, Bitten, Ent-
spannung ein persönlicher Erfahrungs-
bericht
ISBN: 978-3-7386-4884-3

„Seelenweihnacht"
ISBN: 978-3-7386-5616-9

„Im Land unter dem Regenbogen"
Wunderbare Märchen und unglaubli-
che Geschichten
ISBN: 978-3-7392-0115-3

„Freddy und seine Geschichten"
ISBN: 978-3-7386-3321-4

„SeelenWorte"
ISBN: 978-3-7392-0455-0

„Herzanker"
ISBN: 978-3-7392-3482-3

„Im Fluss der Liebe"
ISBN: 978-3-7392-3489-2

„Seelenklänge"
ISBN: 978-3-7392-3532-5

„Liebeslied"
ISBN: 978-3-7392-3548-6

„Wahre Traumtänzerin"
ISBN: 978-3-7392-3556-1

„Emilia Sommerfeld"
ISBN: 978-3-7392-3787-9

„Für mich war es Liebe"
ISBN: 978-3-8423-5362-6

„Kaleidoskop"
ISBN: 978-3-8423-5738-9

„Die verzauberte Wiese"
ISBN: 978-3-7412-0772-3

„Seelenbrücke"
ISBN: 978-3-7412-0890-4

„Wetterleuchten"
ISBN: 978-3-7412-2740-0

„Zentrifuge"
ISBN: 978-3-7412-4011-9

„Für Dich"
ISBN: 978-3-7412-4018-8

„Hannos Geschichten"
ISBN: 978-3-7412-9373-3

„Das Eulenherz"
ISBN: 978-3-7431-0009-1

„Eine Reise irgendwo hin"
ISBH: 978-3-7421-0042-8

„Ist das wirklich wahr?"
ISBN: 978-3-7431-1549-1

„Stille Momente"
ISBN: 978-3-7431-1586-6

„Engelszwirn"
ISBN: 978-3-7431-1594-1

„Anders"
ISBN: 978-3-7448-3582-4

„Wenn es spricht"
ISBN: 978-3-7448-3583-1

„Jonas und die Himmelsleiter"
ISBN: 978-3-7448-5452-8

„Farbenregen"
ISBN: 978-3-7448-5453-5

„Wellenfarbe"
ISBN: 978-3-7448-7311-6

Blanchefleur
ISBN: 978-3-7448-7415-1

„Winterzauber"
ISBN: 978-3-7448-9885-0

„Seele was denkst du dir?"
ISBN: 978-3-7448-9937-6

"Der Südwind
der aus dem Norden kam"
ISBN: 978-3-7448-8206-4

"Erinnerungsblick"
ISBN: 978-3-7460-1281-0

„Mosaik" Gefühle und Gedanken
Gedichte
ISBN:978-3-7460-1320-6

Weitere Informationen zu Neuerscheinungen finden Sie immer auf meiner Seite

www.buchkaleidoskop.Reikipraxis-Goeritz.de